これからの

防災

監修：近藤誠司（関西大学教授）

\\身につけよう！//
自助・共助・公助

③ 火山・雷・竜巻

ポプラ社

もくじ

この本の使い方

火山・雷・竜巻の災害について学ぶ
（6〜11、30〜31、36〜37ページ）

火山や雷、竜巻によって起こる被害、火山や雷、竜巻が起こるしくみ、火山で被害を受けた地域について学びます。

実際に災害対策や行動を考えてみる（シミュレーション）
（12〜29、32〜35、38〜41ページ）

火山や雷、竜巻の危険に、設問の場面で自分なら何に気をつけるか、どう行動するかを考えてみましょう。

テーマとなる災害対策のマーク

（くわしくは4〜5ページ）

問題

解説

テーマとした災害対策で、大切なポイントをまとめています。

プラスワンコラム

さらに知っておきたい災害対策について、説明しています。

※この本にのっている情報は、2022年1月現在のものです。

登場人物しょうかい

マモル先生
小学校をまわって、自然災害や防災のことを教えてくれる先生。

ガクト・ヒカリ
ボーサイ南小学校の4年生。

災害にそなえる \\3つのチカラ//

自然災害から自分たちの命や地域を守るために、自分、地域、公的機関の3つの視点で、災害にそなえましょう。

3つの災害対策の協力と連けいが大切

「自助」「共助」「公助」は、災害対策を分担して、ただ"おまかせする"という考えではありません。協力・連けいすることで、より被害を小さくすることができると考えられています。

しっかり自然と向きあいながら災害対策を考えよう

日本には、111もの活火山*があります。火山の近くには温泉がわき、地下のマグマ*のエネルギーは、地熱発電などに活用されています。しかし、火山は噴火すると大きな被害をもたらします。また、近年は台風や大雨（くわしくは2巻）が多く起こり、雷や竜巻の被害も毎年出ています。わたしたちの命とくらしを守るために、あらかじめ災害対策を考えておきましょう。

災害対策には、大きく分けて、自分で自分を守る「自助」、地域の人が協力して自分たちを守る「共助」、公的機関が住民を守る「公助」の3つがあります。まず、大切なのは自分の命です。しかし、となり近所や地域の人、公的な支援をしてくれる人、みんなで協力し合わなければ、災害を乗りこえることはできません。

一人ひとりが「こまったときはお互いさま」の気持ちで行動できれば、より多くの命を救い、被害を小さくとどめることができるでしょう。

自助
~自分自身で自分を守る~

自分の命を自分で守ること。また、災害にそなえて自分でできることを考え、取り組むこと。

共助
～地域で助け合って守る～

家族や学校、地域の人たち
（町内会、自治会など）と協力して、
災害対策をしたり、災害時に
助け合ったりすること。

公助
～市や県、国などによる支援～

市区町村や都道府県、警察、消防、
自衛隊などの公的機関が
災害の対策を立てたり
支援したりすること。

災害時には、
「こまったときは
お互いさま」の気持ちで
助け合おう

5

日本で起こった火山の災害

日本には火山がたくさんあり、火山の噴火による災害が何度も起こっています。
大きな被害を出した火山の災害について調べてみましょう。

1914年 桜島大正噴火

鹿児島県城山より見た桜島の噴火。

[写真：絵葉書資料館]

1914（大正3）年1月12日10時5分、鹿児島の桜島が噴火しました。夕方に地震が起こり、翌日の21時ごろから溶岩が流出しはじめ、桜島は大隅半島と陸続きになりました。流れ出した溶岩は、桜島の3分の1をおおい、20世紀に日本で起こった最大の噴火となりました。当時の測候所が「桜島に噴火なし」と判断したこともあって、油断した住民のなかには、にげおくれて命を落とした人もいました。

鹿児島県の桜島の位置。

出典：「災害教訓の継承に関する専門調査会報告書 1914 桜島噴火」（内閣府）

 ＊溶岩：地上にふき出したマグマのこと。（くわしくは8ページ）

1990～1996年 雲仙普賢岳の噴火

雲仙普賢岳では、1990(平成2)年11月17日に噴火が起こり、1990～1996(平成8)年の間、活発な火山活動が続きました。1991(平成3)年6月3日には、火砕流が市街地方面へ流れて、死者・行方不明者が43人出ました。被害にあった人の中には、報道関係の人や消防団員、さらには警察官などもいました。また、噴火がおさまるまでに、土石流*や火山灰などで、多くの建物が被害を受けました。

出典：「令和3年版 防災白書」(内閣府)

＊消防団：市区町村におかれる消防機関。消防団員は住民の有志。(くわしくは1巻27ページ)
＊土石流：土砂や火山灰などが水と混ざり合い、一気に山を流れ下る現象。(くわしくは2巻28ページ)

雲仙普賢岳の火砕流。
[写真：島原市]

長崎県の雲仙普賢岳の位置。

2000～2001年 有珠山の噴火

2000(平成12)年3月27日から、北海道の有珠山周辺で地震が起こりはじめました。そして、31日13時7分ごろ、有珠山が噴火しました。火口が多く発生し、火山灰や溶岩をふくむ大量のどろが、土石流となって街をおそいました。約1万6000人が避難する大きな被害が出ましたが、噴火の情報や避難のよびかけが早かったので、死者は出ませんでした。噴火活動は2001(平成13)年5月によ うやくおさまりました。

出典：「平成18年版防災白書 有珠山噴火災害の復興対策」(内閣府)

噴煙を上げる有珠山。
[写真：朝日新聞社／Cynet Photo]

北海道の有珠山の位置。

火山が噴火するとどうなるの？

火山の噴火が起こると、わたしたちのくらしに、どのような影響を
およぼすのでしょうか。おもな被害を見てみましょう。

 ## 火山噴火の被害

（ 噴石による被害 ）

火山の噴火によってふき飛ばされる岩石
を「噴石」といいます。大きな噴石は大きさ
が20〜30cm以上あります。猛スピードで
飛んでくるので、避難の時間がほとんどなく
大変危険です。小さな噴石の多くは大きさが
数cmほどで、風に乗って遠くまで飛ばされ
ます。噴石は、けが人や死者を出したり、建
物や車などをこわしたりする被害をもたらし
ます。

（ 溶岩流による被害 ）

地球の内部で、高温によってとけている岩
石を「マグマ」といいます。マグマが、火山
から地上にふき出すと「溶岩」となり、溶岩
が流れ下る現象が「溶岩流」です。1000℃
前後という高温の溶岩は、溶岩流となって
ゆっくりと地面を流れ、地上でだんだんと冷
やされ、やがて固まります。街が溶岩流にお
そわれると、火災が起こり、建物が焼失する
などの大きな被害を受けます。

火山灰による被害

火山の噴火によってふき飛ばされる、2mm未満の砂状のものが「火山灰」です。1回の噴火で何万t〜何十万t、またはそれ以上の火山灰がふき出し、風に乗って広い地域に降りつもります。そして、街を灰でうめたり、交通を止めたりする被害をもたらします。また、人の目や鼻、のどなどに入ると、身体に害をあたえることがあります。

火山ガスによる被害

「火山ガス」は、地下のマグマにとけていた水蒸気や二酸化硫黄、硫化水素などが気体となって、地表にふき出されたものです。火山ガスをすいこむと身体に害があります。二酸化硫黄は空気より重いため、くぼちにたまります。火山ガスは鼻をつくにおいがするので、ガスが発生していたり、たまっていたりしていることに気づいたら、その場からすぐにはなれるようにしましょう。

火砕流による被害

「火砕流」は、溶岩、火山灰、火山ガスなどが混ざり合ったものが、勢いよく山を流れ下る現象です。火砕流の速度は速く、時速100kmをこえることもあります。また、火砕流は数百℃以上の高温で、建物や森林、田畑を焼きつくし、大きな被害をもたらします。

火山の噴火はどうして起こるの？

火山の噴火はどのようにして起こるのか、そのしくみを見てみましょう。
日本の火山の噴火は、プレートの動きに関係があります。

火山の噴火が起こるしくみ

（ プレートの運動と火山の噴火 ）

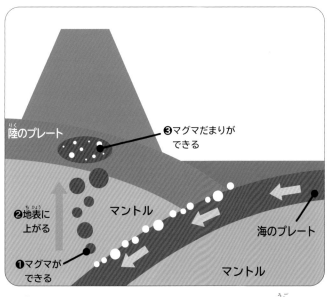

陸のプレート

❸マグマだまりができる

❷地表に上がる

マントル

海のプレート

❶マグマができる

マントル

◯ プレートにふくまれる水　　⬅ プレートの動き

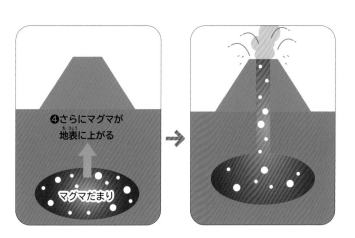

❹さらにマグマが地表に上がる

マグマだまり

　火山は、地下のマグマがふき出すことで噴火します。地球の表面は、「プレート*」という何枚もの岩盤でおおわれています。日本の近くでは、海のプレートが陸のプレートにぶつかり、ゆっくりと陸のプレートの下に引きずりこまれています。海のプレートがしずみこむ時、海水を引きこんでいきます。そして、その海水が作用して、地球の内部のマントル*が一部とけ、マグマができると考えられています。マグマは軽いので、地表に向かって上がっていきます。そして、マグマが集まり、マグマだまりができます。

　マグマにとけていた水や二酸化炭素などは地表近くでガスになり、マグマの中にあわができます。すると、マグマはさらに軽くなり、地表に上がって、ついに火口からふき出します。これが噴火です。

　ふき出したマグマは、噴石や火山灰など、さまざまな形に変わります。軽石は、マグマの中のあわがそのまま固まったものです。

＊プレート：地球の地殻（表層部）とマントルの最上部を合わせたもの。＊マントル：地殻の下から約2900kmの深さまでの部分。

火山の噴火の種類

噴火の種類は、3つあります。左のページのように、マグマがそのままふき出したものを「マグマ噴火」といいます。マグマにあたためられた地下水が、水蒸気となってふき出すことがあります。これが「水蒸気爆発」です。

また、マグマが地表に向かって上がっていくとちゅうで地下水などにふれると、あたためられてできた水蒸気がマグマといっしょにふき出します。これは「マグマ水蒸気爆発」とよばれる噴火です。

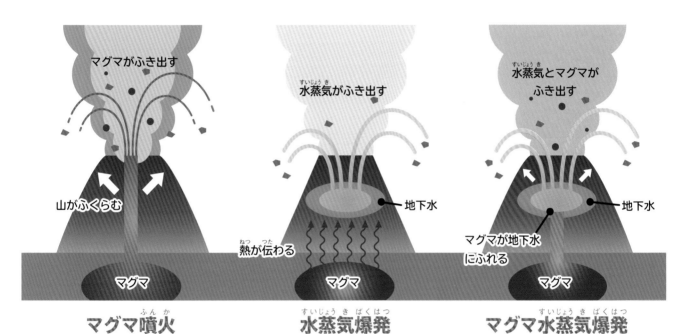

マグマ噴火

マグマがふき出す
山がふくらむ
マグマ

水蒸気爆発

水蒸気がふき出す
地下水
熱が伝わる
マグマ

マグマ水蒸気爆発

水蒸気とマグマがふき出す
地下水
マグマが地下水にふれる
マグマ

噴火でできたハワイ島

世界には「ホットスポット」とよばれ、プレートの動きと関係なく、火山活動が活発な場所があります。太平洋の真ん中にあるハワイ諸島は、ホットスポットによってつくられた代表的な火山島です。

ホットスポットの地下では、長い期間ずっとマグマが発生しています。ホットスポットでつくられたマグマが、地表にふき出すと、噴火が起こります。ハワイ島は、大量のマグマが何度もふき出して、冷やされた溶岩が積み重なり、島になりました。

ホットスポット
マグマ

問1 火山の噴火の前ぶれが起きていないかを探してみよう

火山の噴火が起こるときには、ふだんとちがう前ぶれが起こります。
下の絵から、火山の前ぶれと考えられるものを探してみましょう。

最近、よく
小さい地震が
起こるから
心配だな

ほかにも
いつもとちがうなと
思ったことは
あるかな？

→ 次のページの解説を見てみよう

13

解説 前ぶれに気づいたらすぐ連絡を

前ぶれがあっても、噴火が起こらないことはよくあります。とくに小さい噴火の場合など、噴火を予想することはかんたんではありません。しかし、2000年の有珠山の噴火の

ように、うまく前ぶれをとらえることができると、事前に避難することができます。前ぶれに気づいたら、すぐ身近な大人に相談して、市役所や消防、警察などに伝えましょう。

新しい噴気孔ができた

マグマが地表に上がってくる時、マグマにふくまれる火山ガスが先に出てくるので、火山ガスが出る噴気孔が新しくできることがある。また、火山ガスは、くぼちにたまりやすいので、くぼちに近づくと危険だ。

いつもいる鳥たちがいない

山にすむ動物は、自然のさまざまな変化に敏感だ。危険を感じると、山からにげ出すことがある。

植物がかれている

マグマが地表に上がってきたことで地面の温度が高くなり、植物がかれてしまうことがある。一部だけ雪がとけるということもある。

地割れができた

マグマが地表に上がってくると、山の形の一部が変わることがある。その影響で、地割れや段差ができる。

🖊 火山性地震って？

「火山性地震」は、火山やその周辺で発生する地震のこと。火山の噴火、またはマグマの動きやあたためられた地下水の活動によって、ゆれが起こる。火山性地震よりもゆれが長く続き、震動の始まりと終わりがはっきりしないゆれを「火山性微動」という。どちらも噴火の前ぶれと考えられている。

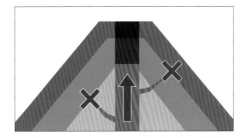

マグマが外に出ようとする力が、火山の岩石を割り、短いゆれが起こる。

ドドド…

ド・ドド…

🖊 噴煙の色が変わる

煙に火山灰や岩石がまざると、噴煙の色が黒っぽく変わることがある。

🖊 地鳴りがする

マグマが地表に上がってきたことで山がくずれ、地鳴りがすることがある。

🖊 温泉の量や温度が変わる

マグマによって地下の水の温度が高くなったり、お湯の量が急に変化したり、新たに温泉が出たりすることがある。

🖊 池や湖の水がにごる

マグマが地表に上がってきたことで山がくずれ、池や湖、川などがにごることがある。また、火山ガスがまざると変色したり、においがしたりする。

まとめ
自助：噴火の前ぶれに気づくと、早く避難をすることができる。
共助：噴火の前ぶれに気づいたら、身近な大人にすぐ知らせよう。

噴火速報、噴火警戒レベルって？

 \自助/
 \公助/

火山が噴火した時は、すぐに噴火した火山の名前と噴火時間を知らせる「噴火速報」が気象庁から発表されます。「噴火警戒レベル」は、被害が起こると予想される地域のはんいと、火山活動の危険度を5つのレベルに分けて表したものです。市区町村は、レベルごとに「避難」「高齢者等避難」など、住民や消防などに取るべき行動をよびかけます。

人の命に関わる噴火が起こりそうな時には、気象庁が「噴火警報」を発表します。被害がおよぶと予想される地域をしめして、警戒をよびかけます。噴火警報は、気象庁からテレビ・ラジオなどの報道機関、都道府県や市区町村、消防などに伝えられ、そこから住民や登山者に情報が伝わっていきます。大きな噴火の時は、火山灰の降るはんいをしめす「降灰予報」も発表されます。これらは、気象庁のウェブサイトでも見ることができます。

情報
入山規制や避難行動をよびかける

市区町村

規制の実施や避難の誘導
（入山規制の実施、避難指示の発令など）

住民・登山者

避難行動

情報
市区町村が避難情報の発表を決める資料になる

情報
災害への意識を高めるため、報道機関や警察、消防を通じて住民に避難準備や警戒をよびかける

気象庁

気象情報の発表
（噴火速報、噴火警戒レベルなど）

噴火警戒レベル

赤字：市区町村が出す避難情報　　緑字：気象庁が出す気象情報

1

活火山であることに留意　噴火予報

状況：火山活動は静かで問題はない。ただし、活火山であることを忘れないこと。

行動：ふつうの生活をする。

2

火口周辺規制　噴火警報（火口周辺）
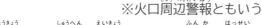
※火口周辺警報ともいう

状況：火口周辺に影響をおよぼす噴火が発生、または発生が予想される。

行動：ふつうの生活をする。火口周辺への立ち入りは禁止。

3

入山規制　噴火警報（火口周辺）
※火口周辺警報ともいう

状況：人が住む地域の近くまで大きな影響をおよぼす噴火が発生、または発生が予想される。

行動：ふつうの生活をする。状況によって高齢者など避難に時間がかかる人は避難準備をする。登山禁止、入山規制。

4

高齢者等避難　噴火警報（居住地域）
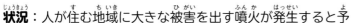

状況：人が住む地域に大きな被害を出す噴火が発生すると予想される。

行動：警戒が必要な地域からの高齢者など避難に時間がかかる人の避難と、住民の避難準備が必要。

5

避難　噴火警報（居住地域）

状況：人が住む地域に大きな被害を出す噴火が発生、またはさしせまっている状態。

行動：危険な地域からの避難が必要。

火山が噴火した時、どんな危険があるかを考えてみよう

右のハザードマップを、街の絵地図に当てはめてみました。火山の噴火時、ガクトの家、ヒカリの家、避難所には、どんな危険があるでしょうか。

ハザードマップには被害が予想される場所や、避難できる場所が記されているよ

ボーサイ南町 火山ハザードマップ

ぼくの家にはどんな危険があるのかな？

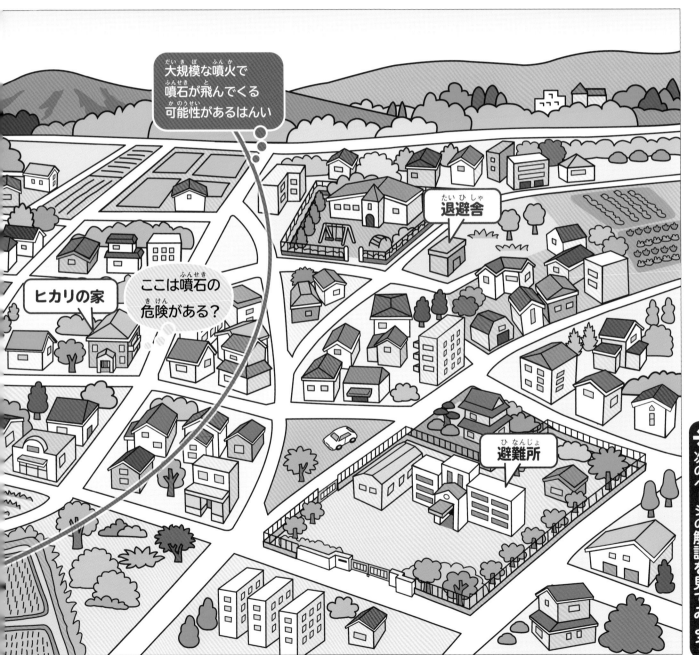

→ 次のページの解説を見てみよう

危険な場所を知っておこう

公助（こうじょ） 自助（じじょ）

ハザードマップを見ると、災害の被害が予想される場所や、避難できる場所がわかります。下の絵で、火砕流や噴石の危険がある場所にガクトの家やヒカリの家、避難所が入っているかどうかを見てみましょう。噴石や火砕流の危険がない場所でも、火山ガスや火山灰の被害が発生する場合があるので、「避難」のよびかけがなくても、危険を感じたら退避舎や避難所へ移動しましょう。ハザードマップは、国や都道府県、市区町村などで配布されます。自分の地域のハザードマップを見て、危険な場所をあらかじめ知っておきましょう。

⚠ 山にいたらすぐに火口からはなれる

山に入っている時に噴火が起こったら、すぐに火口から少しでも遠くにはなれよう。火砕流や火山ガス、火山灰などをさけるため、谷側や谷の出口のほうににげないようにしよう。

ハザードマップどおりに被害が起こるとは限らない。
場合によっては、危険が増すかもしれない。
つねに、より安全な行動をとるように心がけよう

強い山頂噴火時に噴石が飛んでくる可能性があるはんい

大規模な噴火で火砕流がくる可能性がある

ガクトの家

退避舎（たいひしゃ）

⚠ ガクトの家の危険

地図を見ると、ガクトの家は大きな噴火が起こると、火砕流と噴石の危険があることがわかる。また、近くにがけがあるので、がけくずれが起こる危険もある。

✒ 入山する時は登山計画書を提出！

登山のために、火山に入る（入山する）時は、登る山を管理する警察署などに登山計画書を出そう。登山口の施設にある専用ポストやインターネットを使って出すことができる。入山した人が登山計画書を出していると、噴火が起こった時、どのあたりに何人いるのかが予想できるので、救助をする手がかりになる。

大規模な噴火で噴石が飛んでくる可能性があるはんい

退避舎

ヒカリの家

避難所

✒ 避難所の危険

地図を見ると、避難所は大きな噴火で火砕流や噴石の危険は予想されていない。しかし、火山灰が降ったり、火山ガスが流れてきたりする危険はある。避難所に行ったら、安全が確認できるまで外に出ないようにしよう。

✒ ヒカリの家の危険

地図を見ると、ヒカリの家は大きな噴火が起こると、噴石の危険があることがわかる。

まとめ
公助：ハザードマップは、国や都道府県、市区町村などで配布されている。
自助：ハザードマップで、被害の起こりやすい場所と避難所を調べておこう。

ハザードマップを確認しよう

\公助/ \共助/

実際に使われているハザードマップを見てみましょう。国や都道府県、市区町村などの窓口やホームページで見ることもできます。

右ページは、鹿児島市の桜島の火山ハザードマップです。危険なはんいだけでなく、避難に役立つ情報もいっしょにのせています。どんなことがわかるか読み取ってみましょう。

自分の地域のハザードマップを見て、危険な場所や避難できる場所を確認する時は、避難の道すじをいっしょに考えましょう。避難の道すじは1つだけでなく、いくつか考えておくとよいでしょう。避難の道すじを決めたら、実際に避難所や避難場所まで、家族や友だちといっしょに、歩いてみてください。

桜島火山ハザードマップ

桜島の火山ハザードマップを見ると、噴火によって、噴石や火砕流の危険が予想されるはんいや、避難できる場所を知ることができます。桜島には、噴火によって飛んでくる噴石や火山灰などから身を守る退避壕や退避舎という建物があります。また、緊急時に島の外へ避難するための避難港がたくさんあり、ハザードマップにものっています。

ハザードマップは災害ごとに作られている。噴火と地震の被害など、両方を表した防災マップを作っているところもあるよ

桜島の退避壕。桜島の退避壕には、写真のような片屋根型とトンネル型のものがある。

[写真:桜島ミュージアム]

桜島の避難港、松浦避難港。避難港には番号がつけられていて、松浦港は15番。

[写真:桜島ミュージアム]

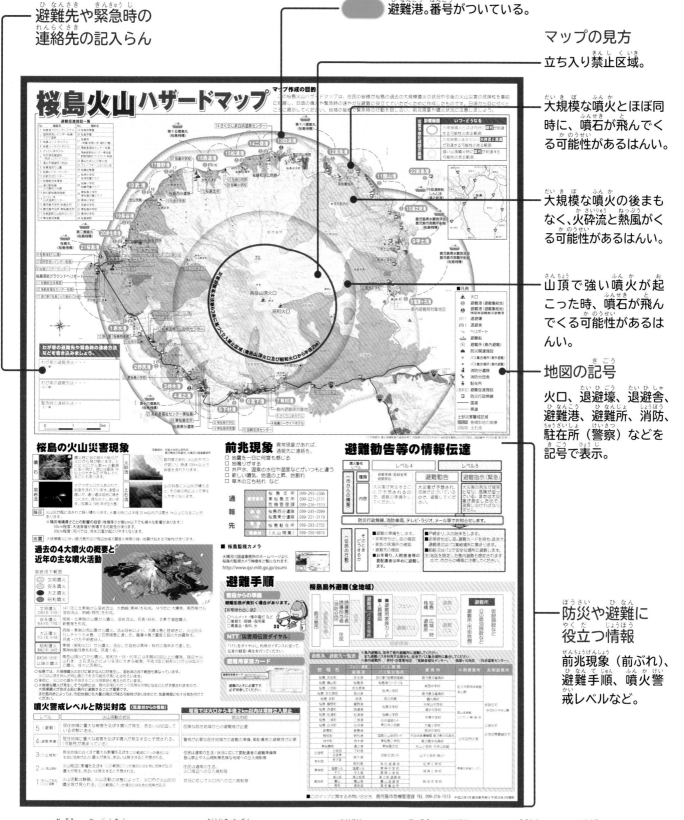

避難先や緊急時の
連絡先の記入らん

避難港。番号がついている。

マップの見方
立ち入り禁止区域。

大規模な噴火とほぼ同
時に、噴石が飛んでく
る可能性があるはんい。

大規模な噴火の後まも
なく、火砕流と熱風がく
る可能性があるはんい。

山頂で強い噴火が起
こった時、噴石が飛ん
でくる可能性があるは
んい。

地図の記号
火口、退避壕、退避舎、
避難港、避難所、消防、
駐在所（警察）などを
記号で表示。

防災や避難に
役立つ情報
前兆現象（前ぶれ）、
避難手順、噴火警
戒レベルなど。

※地図画像：鹿児島市ウェブサイト「桜島火山ハザードマップ（平成22年3月発行）〔平成30年3月更新〕」より引用
※ハザードマップは更新されるので、最新のものを確認して使用してください。

23

避難所に持っていくものを用意しておこう

下の絵は、ガクトが避難所に持っていくために用意したものです。
自分なら、どれをリュックサックに入れますか？　○をつけましょう。

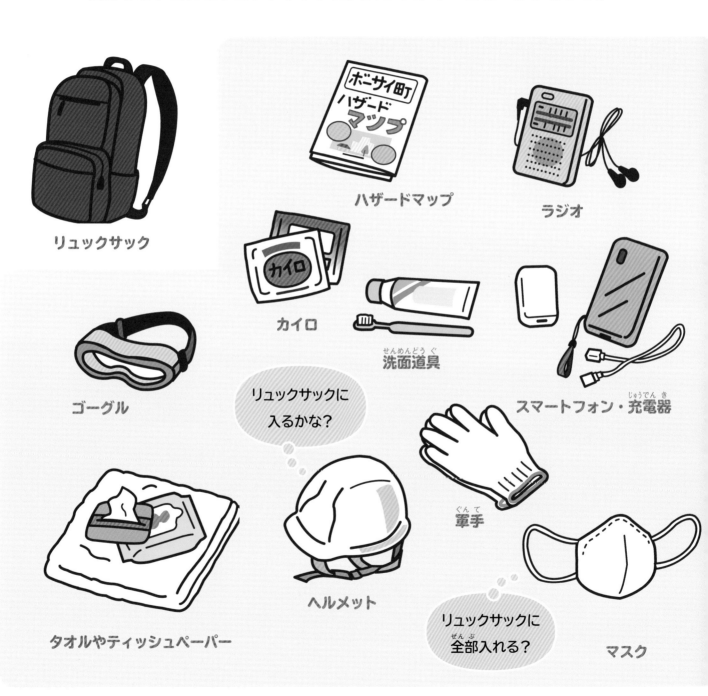

リュックサック

ハザードマップ

ラジオ

カイロ

洗面道具

スマートフォン・充電器

ゴーグル

リュックサックに入るかな？

軍手

タオルやティッシュペーパー

ヘルメット

リュックサックに全部入れる？

マスク

*緊急連絡シート：自分の氏名や住所、電話番号、家族構成、緊急連絡先などを書いておこう。

避難にそなえて準備をしよう

自助（じじょ）

共助（きょうじょ）

避難（ひなん）する時にあわてないように、避難所（ひなんじょ）に持っていくものを用意（ようい）しておきましょう。下の絵のものは、どれも大事なものですが、■のものは、リュックサックに入れず、身につけて避難（ひなん）しましょう。下の絵以外（いがい）に持っていきたいものがあったら、書き出してみてください。リュックサックに入れたら、一度背（いちどせ）負（お）ってみましょう。重（おも）すぎると、すばやくにげる時のさまたげになってしまいます。家族（かぞく）と相談（そうだん）して、持っていくものを決めましょう。

噴火警報（ふんかけいほう）が発表（はっぴょう）されたら、隣近所（となりきんじょ）の人と声をかけあい、避難（ひなん）の準備（じゅんび）をしましょう。持ち物（もの）を見直（みなお）して、避難時（ひなんじ）の服装（ふくそう）を用意（ようい）しておくとよいでしょう。

■のものは、
身（み）につけて
避難（ひなん）しよう

避難時（ひなんじ）の服装（ふくそう）

避難所（ひなんじょ）などににげる時は、ヘルメットをかぶって歩きやすいくつをはこう。高温（こうおん）の火山灰（かざんばい）や噴石（ふんせき）から身（み）を守（まも）るため、長そで長ズボンを着て軍手（ぐんて）をはめよう。また、火山灰（かざんばい）が目に入らないようにゴーグルをしたり、火山灰（かざんばい）をすいこまないようにマスクをしたりしよう。

- ヘルメット
- リュックサック
- ゴーグル
- マスク
- 長そで
- 軍手（ぐんて）
- 長ズボン
- 運動（うんどう）ぐつ

リュックサック

ハザードマップ

ラジオ

カイロ

洗面道具（せんめんどうぐ）

スマートフォン・充電器（じゅうでんき）

ゴーグル

タオルやティッシュペーパー

ヘルメット

軍手（ぐんて）

マスク

三宅島から避難するようす。

[写真：朝日新聞社／Cynet Photo]

✒ 避難のタイミング

避難のタイミングは、噴火警戒レベル4以上（くわしくは17ページ）だが、市区町村からよびかけがなくとも、危険を感じたらすぐ避難を始めよう。東京都の伊豆諸島にある三宅島で起こった2000（平成12）年の噴火では、住民が全員島から出て避難した。この避難の決定は、危険を感じた当時の住民からの要望が多かったことも大きく影響している。

✒ おもちゃや本

避難所には、たくさん物を持っていくことはできないが、大事なものや楽しむためのおもちゃや本などを少し持っていくと気持ちが落ち着くよ。友だちと貸し借りをしてもいいね。

✒ まくら元におく

火山の噴火時に、振動で窓ガラスが割れることがある。懐中電灯やスリッパがまくら元にあると、割れたガラスなどでけがをしないでにげることができる。家具にはさまれて、助けをよぶ時に笛があると気づいてもらいやすい。緊急連絡シートといっしょに、これらを小さなふくろに入れて、まくら元におこう。避難する時は、忘れずにリュックサックに入れよう。

飲料水

小さなおもちゃ

本やゲーム

雨具

非常食

緊急連絡シート

笛

救急セット

簡易トイレ

懐中電灯と電池

スリッパ

まとめ
自助：事前に非常持ち出しぶくろ（リュックサック）のなかみを点検しておこう。
共助：みんなが無事避難するために、隣近所で声をかけあい、助け合うことが大切。

27

警察、消防、自衛隊の役割

共助 公助

警察や消防、自衛隊は公的な機関です。火山の噴火など、大きな災害が起こると、被害が拡大するのをふせぐために、協力して人々を救う活動をします。都道府県や市区町村などと連絡を取り合って、災害の危険度や被害の状況などの情報を交換します。

しかし、大きな災害の時は、公的機関だけでは、対応しきれないことがあります。地域の人たちとの協力も重要になります。

公的機関の支援にたよっていれば大丈夫と思わずに、自分たちができることをしよう

警察の役割

阪神・淡路大震災の後、警察には、大きな災害にそなえて、都道府県のはんいをこえて活動することができる「広域緊急援助隊」が作られました。広域緊急援助隊は、全体が青色で腕の一部が黄色の服を着ています。警察は消防とちがい、救助活動のほかに被災地の交通整理や防犯パトロールなども行います。また、災害で亡くなった人の身元確認も警察の仕事です。

警察官は、災害にそなえてふだんから訓練を行う。写真は、栃木県警のもので、那須岳の火口近くで噴火によってけがをした人を運ぶ訓練をしている。

［写真：朝日新聞社／Cynet Photo］

消防の役割

ふだん消防は、それぞれの地域で消火活動や病気やけがをした人を救う救急活動をしています。しかし、大きな災害が起こった時、被災した地域だけでは、対応しきれないことがあります。そこで、警察と同じように阪神・淡路大震災の教訓をふまえて、「緊急消防援助隊」を作り、全国の消防隊がお互いに応援し合う体制をとっています。集まった消防士は、消火活動や救急活動、救助活動など、チームを編成して活動します。

2014年に長野県と岐阜県の県ざかいで噴火した御嶽山の災害で、応援にかけつけた名古屋市消防局の隊員。火山ガスをすわないように、ガスマスクをつけて救出活動に向かう。

[写真:朝日新聞社／Cynet Photo]

自衛隊の役割

自衛隊は、国の機関です。おもな仕事は、日本をほかの国やテロリストの攻撃から守る(防衛する)ことですが、大きな災害や事故が起こった時、その現場へ行って、救助や救出などを行う災害派遣なども行っています。

また、災害派遣には、海外への派遣もあります。行方不明の人をさがしたり、大きな機器を使ってこわれた建物をどかしたり、ヘリコプターを使って、けがをした人や、水や食料、生活に必要な物を運んだりもします。

御嶽山の噴火でけがをした人を、山頂ふきんからヘリコプターで運ぶ自衛隊の隊員。

[写真:朝日新聞社／Cynet Photo]

雷の被害と起こるしくみ

雷が発生し、地上に落雷すると、どのような被害が起こるのでしょう。
その被害と、雷が起こるしくみについて調べてみましょう。

雷の被害

落雷によるけが

雷は、強い電気が流れてはげしい音と光を出す現象です。海岸や校庭など、周りに何もない場所にいると、人間の身体に直接落雷することがあります。これを「直撃雷」といいます。直撃雷を受けた場合は死亡率が高く、約8割の人が死亡しています。また、落雷を受けたものや人から雷が飛びうつることを「側撃雷」といいます。とくに雨宿り中の木から側撃雷を受ける場合が多いようです。

電化製品のこしょう

落雷した場所だけでなく、落雷した周辺の地域に、異常な電圧や電流が発生する現象を「雷サージ」といいます。雷サージは、電線やアンテナを伝って家の中に流れこみ、パソコンやテレビなどの電化製品をこわすことがあります。また、雷サージが発生すると、大規模な停電や電車が動かなくなるなど、生活に大きな影響をあたえることもあります。

突然の大雨で発生した落雷。

[写真：朝日新聞社／Cynet Photo]

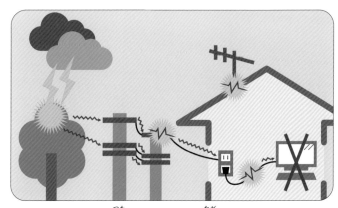

電線やアンテナを伝って家の中に流れこみ、電化製品をこわす雷サージ。

雷が起こるしくみ

雷の正体は静電気

雷の多くは、空高く盛りあがるように発達した「積乱雲」の中で起こります。雲は、太陽によってあたためられたしめった空気が、空の高い場所まで運ばれ、水のつぶとなって集まったものです。その水のつぶは、高い場所で冷やされ、氷のつぶに変わります。大きくなった氷のつぶは、やがて重たくなって、地表に下りていきます。

このとき、のぼっていく氷のつぶと下りていく氷のつぶがぶつかり合い、静電気が起こって、雲に電気がたまっていくのです。雲の上のほうにプラスの電気がたまり、下のほうにはマイナスの電気がたまります。そして、マイナスの電気に引きよせられて、地表にもプラスの電気がたまります。雲は、電気をためきれなくなると、地表のプラスの電気に向かってマイナスの電気を流そうとします。これが雷となって落下してくるのです。

太陽にあたためられたしめった空気が空に上り、積乱雲ができる。

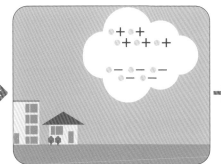
雲の中の水のつぶは、上空で冷やされ氷のつぶになる。氷のつぶがぶつかり合い、雲に電気がたまる。

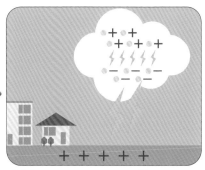
地表にプラスの電気が集まり、雲の中のマイナスの電気が雷となって落ちる。

光ったり鳴ったりする雷

ものは熱せられると、光を出します。雷が地面に電気を落とす時も、雲と地面の間の空気の温度が高くなります。雷が光るのは、この熱くなった空気が光っているからです。また、空気はふつう電気を通すことはありませんが、雷の電気は、とても強く大きいのでむりやり空気の中を流れます。そのため、電気が通った空気は、熱くなって光るだけでなく、はげしく振動し、この空気の振動が「ゴロゴロ」という音になるのです。

東京スカイツリーの避雷針に落ちた雷。避雷針は、落雷の被害から建物を守る装置。

[写真：朝日新聞社／Cynet Photo]

問4 遠くで雷の音がする。避難すると危険な場所は?

公園で遊んでいたら、パラパラと雨が降り出して、遠くに雷の音が聞こえました。
下の絵の中で、避難すると危険な場所はどこでしょうか。

次のページの解説を見てみよう

33

解説 危険な場所からはなれよう

外にいる時に、雷が光ったりゴロゴロという音がしたら、すぐにじょうぶな建物に避難しましょう。雷は遠くに見えても、音が聞こえるはんいにいれば、落ちる可能性があります。雷は近くに高いものがあると、これを通って落ちやすいので、公園や校庭など、開けたところに立っていると、大変危険です。

また、建物や木など、ものに落ちた雷が進路を変えて、別のものに飛んでいくこともあるので、高いものの近くからはなれましょう。

✎ 避難できない時は

避難する建物や乗り物がない時は、下のような落雷から身を守る姿勢を取ろう。

・頭をなるべく低くしてしゃがむ。
・耳をふさぐ。
・両足を閉じて、ひざを地面につけない。

近くに電柱があったら、4m以上ははなれよう。

雷に気づいたら友だちどうし声をかけあって、すぐに安全な場所へ避難しよう

木の下や売店の軒先は、さけたほうがいいね

スーパーに避難しよう！

✎ 避雷設備のない建物

落雷による被害をさけるための設備（避雷設備）のない売店や木造の家の軒先などは危険なので、避難しないようにしよう。

34

🖊 雷注意報って？

雷注意報は、落雷の被害が予想される時にだけ気象庁から発表されるものではない。雷を発生させる積乱雲の下で発生することの多い、急な強い雨や竜巻、ひょうによって、被害が予想される時にも出される。また、雷注意報はあるが、雷警報はない。天気予報で「大気の状態が不安定」という言葉が伝えられたら、情報に注意するようにしよう。

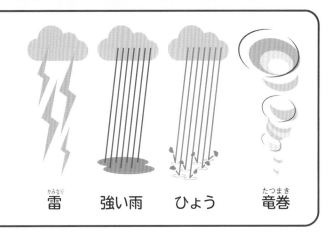

雷　　強い雨　　ひょう　　竜巻

かさはとじて
スーパーに入ろう

🖊 鉄筋コンクリート製の建物に避難する

鉄筋コンクリート製の建物は、雷の電気を通しにくいといわれている。鉄筋コンクリートでできたじょうぶな建物に避難しよう。

🖊 かさはささない

かさは頭より上にさすものなので、雷が落ちる危険がある。野球のバットや釣りざお、ゴルフクラブなど、長いものを持つのも危険なのでやめよう。

🖊 木のそば

木に落雷すると、木の幹や枝からそばにいる人に、雷が飛びうつることがある。開けた場所だけでなく、林や森の中も危険なので、近づかないようにしよう。

まとめ

自助：雷の音が聞こえたら、すぐに鉄筋コンクリートなどの建物ににげよう。
共助：雷の音が聞こえたら、友だちどうし声をかけあってすぐに避難しよう。

竜巻の被害と起こるしくみ

日本の竜巻は、平均すると1年間に約25例ほど、発生しています。
竜巻の被害と、そのしくみについて調べてみましょう。

竜巻の被害

建物や乗り物をこわす

竜巻は、細長くてはげしい空気のうずです。積乱雲の下にできます。竜巻の通り道となったはんいに、短時間でひじょうに大きな被害をもたらします。日本の場合、突風のような強い風の力で建物をこわしたり、樹木や農作物をたおしたりする被害が多く報告されています。さらに、強く大きな竜巻になると、自動車や列車などをひっくり返したり、巻きあげたりする可能性もあります。

突風でたおれたしょうゆ製造会社の倉庫と蔵（2021年静岡県牧之原市）。　［写真：朝日新聞社／Cynet Photo］

飛来物の衝突

強い竜巻が発生すると、いろいろなものが飛んでくる可能性があります。屋根がわらや看板、ガラスの破片などが飛ばされてきます。こうした飛来物にぶつかって、大きなけがをすることもあります。また、飛来物が電線を切断したり、信号機をこわしたりすることで、大規模な停電や交通が止まる被害が発生することもあります。

竜巻が起こるしくみ

積乱雲の下で発生

日本で起こる竜巻の多くは、地上近くで小さな風のうずができ、そこに積乱雲が現れて、上空にすいあげられた時に発生すると考えられています。

風が回転しながら上空へ上がるにつれて、細長く引きのばされてスピードが速くなると、風が強くなって竜巻となります。つまり、竜巻はひじょうにはげしい空気のうず巻なのです。竜巻は積乱雲の下で発生しますが、とくに、直径数十kmとなる巨大な積乱雲「スーパーセル」の下では、竜巻や大きな突風が起こりやすいといわれています。

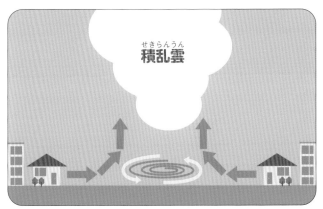

積乱雲が小さな風のうずを上空へすいあげる。

うずが引きのばされて、回転するスピードが速くなり、竜巻になる。

竜巻の前ぶれって？

竜巻が起こる時には、以下のような前ぶれが起こることがあります。
- 大きな積乱雲が発生する。
- 雷鳴が聞こえたり、雷光が見えたりする。
- 「ひょう」が降りだす。
- 耳鳴りがする。

このような前ぶれに気づいたら、周りの人に知らせて、できるだけ早くじょうぶな建物のいちばん下の階に避難するようにしましょう。上のほうの階では被害が大きくなりやすいので、竜巻の多いアメリカなどでは、地下室ににげこむようにしています。

沖縄県新原ビーチで発生した、竜巻と見られる突風（2012年9月）。

[写真：Cynet Photo]

竜巻シミュレーション

それぞれの場面で自分ならどうするかを考えてみましょう。

問5 遠くに竜巻を発見！避難できる安全な場所はどこ？

遠くに竜巻が見えました。急いで避難しなくてはなりません。
ガクトは、下の絵のどこに避難するとよいでしょうか。

竜巻発見！
どこかに早く
にげなきゃ！

竜巻は、
上に行くほど
風が強いんだよ

いちばん近いのは
プレハブの倉庫
だけど…

→ 次のページの解説を見てみよう

 **解説**

安全な場所にすぐ避難しよう

 自助　 共助

　竜巻は、家をこわしたり車を空中に巻きあげたりするほどの力があります。しかし、竜巻がいつどこで起こるのかを、予想するのは難しいのです。竜巻を発見したら、すぐにまわりの人に伝えましょう。そして、安全な場所を見つけて、すばやく避難しましょう。

　下の絵の場合は、ガクトの家が近くにあるので家にもどり、1階の窓のない部屋に避難するとよいでしょう。竜巻が間近にせまっている場合は、近くの水路に入って、なるべく低い姿勢をとります。避難する時は、手で頭をしっかり守りましょう。

🖉 下の階へ移動する

竜巻は上に行くほど風が強い。巻きこまれると、建物の上の階のほうが、こわれる危険が高い。地下や建物のいちばん下の階へ移動しよう。

🖉 雨戸やカーテンをしめる

突風で窓ガラスが割れると危険なので、カーテンをしめておこう。雨戸がある場合は、雨戸もしめよう。ただし、時間によゆうがない時は、避難を優先させよう。

いそいで1階に降りないと！

おーい！階段の横に窓がない部屋があるよ。ここに避難しよう

風呂場やトイレは壁がしっかりしているので比較的安全だよ

🖉 窓のない部屋に行く

建物のいちばん下の階に、窓のない部屋があったら、そこに避難しよう。建物に地下があったら、地下に避難しよう。

🖊 竜巻とつむじ風

竜巻とつむじ風はどちらも空気のうずだが、発生の原因がちがう。竜巻は地面近くの空気が積乱雲によってすいあげられてできるが、つむじ風は太陽にあたためられた空気が上にのぼってできる。つむじ風は竜巻よりも小さいが、運動会でテントを巻きあげるなどの被害が出ている。つむじ風がふいたら、近づかないようにしよう。

竜巻

つむじ風

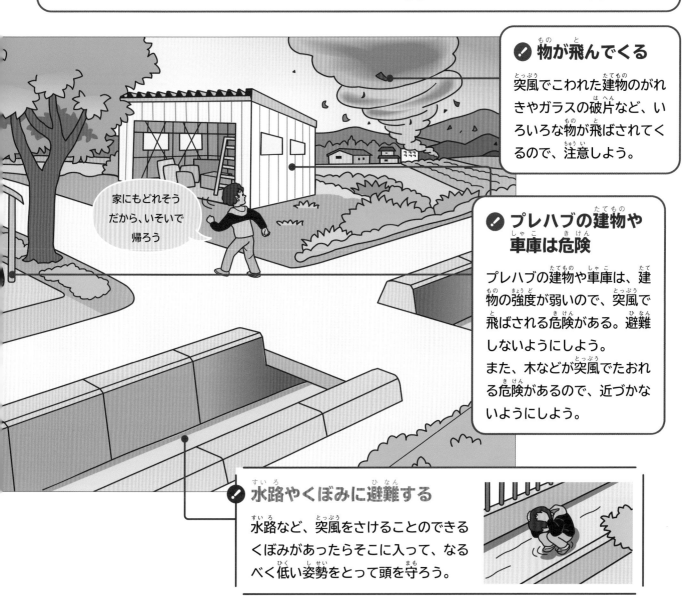

家にもどれそうだから、いそいで帰ろう

🖊 物が飛んでくる

突風でこわれた建物のがれきやガラスの破片など、いろいろな物が飛ばされてくるので、注意しよう。

🖊 プレハブの建物や車庫は危険

プレハブの建物や車庫は、建物の強度が弱いので、突風で飛ばされる危険がある。避難しないようにしよう。
また、木などが突風でたおれる危険があるので、近づかないようにしよう。

🖊 水路やくぼみに避難する

水路など、突風をさけることのできるくぼみがあったらそこに入って、なるべく低い姿勢をとって頭を守ろう。

まとめ
自助：竜巻を発見したら、すぐにじょうぶな建物のいちばん下の階ににげよう。
共助：竜巻を発見したら、すぐまわりの人に伝えよう。

防災体験施設に行ってみよう

自助　共助

災害や防災について、実際に体験しながら学ぶことができる施設があります。地震や大雨、強風の擬似体験ができたり、災害が起こるしくみを実験や模型で体感できたりします。自分の地域に災害や防災を体験できる施設があったら、家族や友だちといっしょに行ってみましょう。ここでは、火山、雷、竜巻の災害や防災について学べる施設をしょうかいします。

雲仙岳災害記念館
がまだすドーム

住所：長崎県島原市平成町 1-1

1990年に始まり、1996年まで続いた雲仙普賢岳の噴火で、どのような災害が起こり、被害があったのかを体感できる展示があります。雲仙普賢岳の周辺に住む人々が、火山とともに生き、どのように復興していったのかを学びましょう。

ワンダーラボ　身近な材料を使って噴火実験をするなど、実験やワークショップを通じて、噴火のしくみや防災に関することを学べるコーナー。

雲仙岳スカイウォーク　ドローンで撮影した雲仙普賢岳周辺を足元に見ることができる。溶岩ドーム*や焼失した旧大野木場小学校などを探して見てみよう。

大野木場砂防みらい館

大野木場小学校は、雲仙普賢岳の火砕流で焼失しました。現在、旧大野木場小学校の横には、大野木場砂防みらい館があります。展示や映像からは、噴火災害のおそろしさや復興対策、火山活動のしくみなどを学ぶことができます。

住所：長崎県南島原市深江町戊 2100-1

　*溶岩ドーム：溶岩が噴出して火口の上にできたドーム状の地形。

名古屋市科学館
放電ラボ・竜巻ラボ

住所：愛知県名古屋市中区栄 2-17-1
芸術と科学の杜・白川公園内

放電ラボ
2つの大型コイルから放たれた電気火花。

名古屋市科学館は、楽しみながら科学を学べる総合科学館です。放電ラボでは、迫力のある雷の光を見ることができます。大型のコイルから、激しい音とともに4mもの電気火花が放たれます。雷がどのくらいすさまじい電気エネルギーなのかを実感できます。

竜巻ラボでは、人工的に作られた竜巻そっくりの空気のうずを見ることができます。高さ9mの人工竜巻を観察しながら、竜巻が起こるしくみや特ちょうなどを学びましょう。

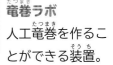

竜巻ラボ
人工竜巻を作ることができる装置。

大阪市立阿倍野防災センター
あべのタスカル

住所：大阪市阿倍野区阿倍野筋 3-13-23
あべのフォルサ 3F

地震や津波、火災などを擬似体験しながら防災を学ぶことができる施設です。地震発生直後から避難するまでの間に取るべき行動や、火災時の初期消火、けむりの中を避難する方法、実物大の映像を見て、津波のおそろしさを知るなど、多くの体験展示があります。ひとりで避難をするのが難しい人を安全に避難させたり、家具やがれきの下じきになった人を救助したり、災害時に助け合う方法を具体的に学ぶこともできます。

子どもたちに災害を伝承

長崎県島原防災塾

実際に溶岩が流れた地域へ行き、噴石を拾って観察する。

模型を使って、土石流のしくみと被害を学ぶ。

「島原防災塾」は、1990～1996年の雲仙普賢岳の火山災害と、そこからどのように復興したのかを、子どもたちに伝えるために始められました。将来起こる災害にそなえて、「地域のことは地域で教える」を基本に、地元の住民が中心となって運営しています。参加するのは、島原市内の小学校4～6年生とその保護者です。

島原防災塾では、災害が発生した地域へ行って、当時の被害の状況や、土砂災害をふせぐための砂防施設の役割、火山の監視について学んだり、火山から噴出してできた軽石を観察したりします。

また、火山や気象＊の専門家や、実際に噴火時に避難を経験した人、災害支援に当たった消防団や市役所の人たちから話を聞く機会を設け、雲仙普賢岳の噴火の"くせ"や歴史、前ぶれ、当時の避難の状況などについて知り、防災への意識を高めています。

一日かけて行われるワークショップでは、模型を使った土石流実験のほか、災害時にゴミぶくろや毛布など身近なものを用いて火山灰や火災による被害をふせぐ方法など、災害発生時に取るべき行動を、体験を通して楽しみながら学ぶことができます。昼食には、地域の人たちが、災害時のたき出しをイメージして、塩むすびととん汁を作るなど、地域が一体となった活動です。

＊気象：天候や気温、気圧などの状態。

植林で街を守る防災活動

北海道洞爺湖町立洞爺湖温泉小学校

有珠山遊砂地に木の苗を植える、洞爺
湖温泉小学校の児童。

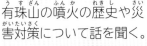

有珠山の噴火の歴史や災
害対策について話を聞く。

　北海道の有珠山の近くにある洞爺湖温泉小学校では「緑はどうなった？」という授業を行っています。北海道科学大学の先生や行政機関＊、防災施設を作った建設会社、ボランティアなどに協力してもらい、全校児童が火山災害や防災について学んでいます。

　最初に行政機関の防災担当の人が、2000年の有珠山の火山災害について、パネルを使って説明します。当時は、情報の伝達や避難のよびかけが早く、ひとりのぎせい者も出すことはありませんでした。しかし、街は溶岩や火山灰のまざった大量のどろにおそわれてしまいました。噴火がおさまった後、火山噴火の被害を少なくするために、「砂防ダム」や「遊砂地」が設けられました。砂防ダムは、どろが一気に街に流れこまないように、とちゅうでせき止めるダムです。遊砂地は、どろを受け止めるために、火山と街の間に作られた広い場所のことです。

　当時の話を聞いた後に、北海道科学大学の先生といっしょに自然豊かな洞爺湖畔の森を、植物の種や実などを探しながら歩きます。そして、植物の種を持ち帰って植え、世話をして育てます。苗ができると遊砂地に植え、成長を見守りました。火山によるどろをせき止めるために、苗を植えていくこの活動は、将来起こりうる噴火へのそなえの一つとなることでしょう。

＊行政機関：国や都道府県、市区町村。

45

　この本を手にとってくれた、みなさん！　ここまでたくさんの災害について、まなび進めてくれていること、本当に心強く思います。なぜならば、日本は、世界のなかでも驚くほどの、「災害大国」なのですから。

　ところでみなさんは、「禍福は糾える縄の如し」という言葉を聞いたことがありますか？　「禍福」とは、悪いこと（禍＝不幸）と、良いこと（福＝幸）をさしています。そしてこの「禍福」が、まるで１本の縄のようだ、実はひとつながりのものなのだ、ということを意味しています。これは、まさに災害のことだと思いませんか？

　日本列島は、南北に長くつらなり、海と山、平野や川があり、四季折々の気候をたのしむこともできて、自然の恵みが豊かなとてもすばらしい環境にあります。たとえば、この第３巻に登場する「火山」は、もちろんひとたび牙をむくとおそろしい被害を出すのですが、しかしふだんは、風景が美しく温泉がわくなどして、わたしたちの暮らしをすてきなものにしてくれています。第１巻に出てきた「地震」は、大地をゆるがし建物をこわす難敵ですが、長年におよぶ「地震」の活動によって雄大な山がつくられて、緑豊かな地形がうまれてきました。第２巻の「台風」や「大雨」も、毎年のように街を水浸しにするやっかいな災いですが、乾いた大地をうるおしたり、田畑の肥料となる土を運んだりして、やはりわたしたちに恵みをもたらしてくれています。

　地球は、このようにして、自分自身の"呼吸"をしています。となると、「禍福」（良いことになるか、それとも悪いことになるか）は、わたしたち人間の側の"かまえ"しだいだということになります。この"かまえ"をしっかり固めていくことが、「防災」です。大切な命をしっかり守りぬくこと、まずこれが「防災」の役割の中心でしたよね。そこでは、ただこわがったり、自分は関係ないやと背を向けていたりしてはいけません。みんなで知恵と工夫を出し合って乗り切ること。「こまったときはお互いさま」（→第１巻を見よう）の気構えで、「インクルーシブ防災」（→第２巻、第４巻の38ページを見よう）を実現していくのです。

　このすばらしい惑星・地球で、かけがえのない人生をみんなとたのしく過ごしていくために、今わたしたちが手にしなければならない「大切なこと」は、すべて「防災」のおこないのなかに含みこまれているのです。

関西大学教授　近藤誠司

さくいん

監修　**近藤 誠司**　（こんどう せいじ）

関西大学社会安全学部安全マネジメント学科教授。1972年愛知県生まれ。京都大学法学部卒業。元NHKのディレクターで、1995年に起こった阪神・淡路大震災では初日から現地取材に入り、以来、災害関連の番組を数多く制作。NHKスペシャル『MEGAQUAKE 巨大地震（第2回）』で内閣総理大臣賞（科学技術映像祭）受賞。大学では、災害情報・防災教育について教えている。令和元年度「ぼうさい甲子園」グランプリ受賞。2019年・2020年には「ジャパン・レジリエンス・アワード（教育機関部門）」で金賞を連続受賞。

装丁・本文デザイン	： 倉科明敏（T.デザイン室）
表紙・本文イラスト	： おぜきせつこ
説明イラスト・地図	： 坂上暁仁、上薗紀耀介（オフィス303）
編集制作	： 常松心平、小熊雅子（オフィス303）
協力	： 古谷成司（富里市立富里南小学校）
写真・画像	： 朝日新聞社、雲仙岳災害記念館がまだすドーム、絵葉書資料館、大阪市消防局、大阪市立阿倍野防災センター、大野木場砂防みらい館、鹿児島市、Cynet Photo、桜島ミュージアム、島原市、島原防災塾、洞爺湖温泉小学校、名古屋市科学館、北海道胆振総合振興局

これからの防災　身につけよう！自助・共助・公助

3 火山・雷・竜巻

発　　　行　　2022年4月　第1刷

監　　　修　　近藤誠司
発　行　者　　千葉 均
編　　　集　　崎山貴弘
発　行　所　　株式会社ポプラ社
　　　　　　　〒102-8519　東京都千代田区麹町4-2-6
　　　　　　　ホームページ　www.poplar.co.jp（ポプラ社）
　　　　　　　　　　　　　　kodomottolab.poplar.co.jp（こどもっとラボ）
印刷・製本　　図書印刷株式会社

Printed in Japan　ISBN978-4-591-17281-0 / N.D.C. 369 / 47P / 27cm
©POPLAR Publishing Co.,Ltd. 2022
P7228003

あそびをもっと、まなびをもっと。
こどもっとラボ

全**4**巻

これからの防災

\\\ 身につけよう！ 自助・共助・公助 //

監修：近藤誠司（関西大学教授）

1 地震・津波

2 台風・大雨

3 火山・雷・竜巻

4 大雪・猛暑

- 小学校中学年以上向き
- オールカラー
- AB判
- 各47ページ
- セットN.D.C.369
- 図書館用特別堅牢製本図書

ふだんから災害対策を
しておくことが大切だよ！
地域の防災訓練や
防災学習施設があったら
参加してみよう！